AF381486

WORK-LIFE-BALANCE

Tipps für einen Ausgleich zwischen Berufs- und Privatleben

Verfasst von Renée Francis

Übersetzt von Mareike Lobeck

WORK-LIFE-BALANCE

- **Ziel:** einen guten Ausgleich zwischen Beruf und Privatleben finden, sodass die Arbeit Freizeit zulässt und man einerseits effizient arbeiten und andererseits danach abschalten kann
- **Anwendung:** Sobald Sie berufstätig werden, müssen Sie sich damit auseinandersetzen, wie Sie Beruf und Privatleben miteinander vereinen können. In der Regel wird dies durch einen Partner, Kinder und ein aktives Sozialleben zusätzlich erschwert. Es ist daher hilfreich, sich ein wenig Zeit zu nehmen, um festzustellen, wie man sich einen Ausgleich im Alltag schaffen kann.
- **FAQ:**
  - Ist es mir wirklich von Nutzen, klar zwischen Beruf und Privatleben zu trennen?
  - Wie geht man als Selbstständiger/ Unternehmer vor?
  - Welche Fehler sollte man vermeiden, um eine Work-Life-Balance zu erreichen?
  - Wie startet man ohne Druck in den Tag?

- Wie vermeidet man Unterbrechungen, die Zeit kosten?
- Wie beendet man seinen Tag mit einem Gefühl der Zufriedenheit?

EINLEITUNG

Die Schwierigkeit eine Work-Life-Balance zu finden, betrifft die gesamte arbeitende Bevölkerung, Männer und Frauen, Angestellte, Geschäftsführer, Praktikanten, und Selbstständige, Junge und Alte, Alleinstehende, in einer Beziehung Lebende, Geschiedene, Eltern und Kinderlose. Es ist nicht immer einfach, gleichzeitig die verschiedenen Rollen auszuüben, die einem im Leben zugeschrieben werden. Lassen Sie Ihre Arbeit, wenn Sie Ihren Arbeitstag abgeschlossen haben, wirklich bis zum nächsten Tag hinter sich? Sind Sie dann tatsächlich ganz für Ihre Familie, Freunde etc. da?

Gerade in der heute so schnelllebigen Gesellschaft ist es ganz normal, ab und zu das Gefühl zu haben, zu viel zu tun zu haben. Umso wichtiger ist es, ein stabiles Gleichgewicht zu finden, das Ihren Vorstellungen von Lebensqualität entspricht. Das Leben ist kurz – profitieren Sie also von jeder Minute.

Was Sie dafür machen können ist kein Geheimnis: Besinnen Sie sich wieder auf sich selbst und das, was Sie wirklich wollen, definieren Sie Ihre beruflichen und familiären Prioritäten und organisieren Sie sich so, dass Sie ihnen den entsprechenden Raum geben können. Es handelt sich dabei nicht darum, große Opfer zu erbringen, sondern bewusst Entscheidungen zu treffen und kleine Anpassungen zu machen. Auch wenn das keine bahnbrechende Erkenntnis ist, können sich einige Tricks als nützlich erweisen, um im Alltag einen gewissen Ausgleich beizubehalten, mit Stress umzugehen und seine Zeiteinteilung zu optimieren.

Wie verbindet man optimal Beruf und Privatleben, ohne dabei jemanden zu vernachlässigen, am wenigsten sich selbst? Wie behält man sich seinen inneren Antrieb? Diesen Fragen wird in den folgenden Seiten auf den Grund gegangen.

WORK-LIFE-BALANCE: DIE GRUNDLAGEN

Es ist unmöglich, ein Gleichgewicht zu finden, wenn man nicht weiß, wodurch eben dieses kippen kann. Deswegen sollten Sie zunächst darüber nachdenken, was Sie in Ihrem Leben antreibt, was Ihre Werte, Ihre treibende Kraft und Ihre Grenzen sind.

Seine Werte nach Wichtigkeit ordnen

Die meisten Menschen befinden sich heutzutage in einem Umfeld, das von Werbung, Zeitschriften, permanenter Informationsflut, Internet, der Qual der Wahl in der Konsumgesellschaft sowie sozialem, beruflichem und familiärem Druck geprägt ist. In diesem Kontext ist es schwer zu wissen, was man wirklich will. Doch genau darin liegt der Schlüssel: zu erkennen, was man für sein Glück benötigt.

Wissen Sie, was Sie antreibt? Nehmen Sie einen Stift zur Hand, um sich dies ganz bewusst vor Augen zu führen, und kreisen Sie in der folgenden Tabelle in jeder Zeile eine Zahl zwischen 1 und 6 ein (vom Wichtigsten zum Unwichtigsten). Sie können jede Zahl nur einmal auswählen. Relativieren Sie nicht, denken Sie nur daran, was wirklich für Sie zählt, und ordnen Sie dann die verschiedenen Elemente nach Wichtigkeit.

Zu den aufgeführten Elementen können noch weitere dazukommen, wie beispielsweise einem Teamsport nachgehen, sich für ein humanitäres Projekt engagieren, andere Kulturen kennenlernen etc. Die Rangfolge, die sich hier ergibt, ist keinesfalls unveränderlich, denn Ihre Prioritäten entwickeln sich im Laufe der Zeit. Aus diesem Grund werden Sie ab und zu Anpassungen treffen müssen, um Ihr Gleichgewicht zu wahren.

Wertesystem

Element	Bedeutung in Ihrem Wertesystem					
Familie	1	2	3	4	5	6
Arbeit	1	2	3	4	5	6
Freunde	1	2	3	4	5	6
Hobbys	1	2	3	4	5	6
Vermögen	1	2	3	4	5	6
Beziehung	1	2	3	4	5	6

Machen Sie die Übung erneut und geben Sie diesmal an, wo sich die Elemente momentan in Ihrem Alltag befinden. Welches Element nimmt den wichtigsten Platz ein?

Momentane Rangfolge

Element	Momentane Position in Ihrer Rangfolge					
Familie	1	2	3	4	5	6
Arbeit	1	2	3	4	5	6
Freunde	1	2	3	4	5	6
Hobbys	1	2	3	4	5	6
Vermögen	1	2	3	4	5	6
Beziehung	1	2	3	4	5	6

Vergleichen Sie nun die verschiedenen Punkte der beiden Tabellen. Die erste zeigt Ihnen, mit welchen Elementen Sie sich besonders beschäftigen sollten, um sich wohl zu fühlen. In der zweiten sehen Sie, welchen Platz diese momentan in Ihrem Alltag einnehmen. Wenn zwischen den beiden ein großer Unterschied besteht, befinden Sie sich in einem Ungleichgewicht und sollten sich weiter anstrengen, um etwas daran zu ändern. Entwickeln Sie eine Strategie, die Ihnen ermöglicht, die Unterschiede abzubauen, damit Sie nicht ganz aus dem Gleichgewicht geraten.

Beginnen Sie damit, festzustellen, was Sie wirklich antreibt, was Sie motiviert und welchen Sinn

Sie Ihrem Leben geben wollen. Die Antworten aus der vorherigen Übung zu Ihren Prioritäten geben Ihnen schon einen ersten Anhaltspunkt für diesen allgemeinen Lebenssinn.

Seine Hauptantriebskraft finden

Was möchtest du werden, wenn du groß bist? Diese Frage wurde wohl jedem gestellt, als er klein war – und viele stellen überrascht fest, dass auch sie die nun junge Generation dasselbe fragen, als ob der Beruf das Einzige wäre, was glücklich und zufrieden macht.

Entspricht Ihre Laufbahn rückblickend dem, was Sie sich vorgestellt haben? Beschränken Sie sich bei der Beantwortung nicht nur auf den beruflichen Aspekt, sondern beziehen Sie die Elemente aus der vorherigen Tabelle mit ein, um aus Ihrer Laufbahn eine allgemeine Bilanz zu ziehen. Haben Sie Ihre Entscheidungen entsprechend Ihrer Interessen und Fähigkeiten gefällt? Wenn dies der Fall ist, werden Sie sicherlich schnell herausfinden, was Sie antreibt, Ihnen die Energie gibt, sich in die richtige Richtung zu bewegen, und Sie glücklich macht. Finden Sie außerdem heraus, was die verschiedenen Entscheidungen, die Sie in Ihrem Leben gefällt haben, miteinander verbindet. Handelt es sich um Gemeinschaft, Engagement, Liebe, das Bedürfnis zu verstehen, oder die Lust etwas zu erschaffen?

Wenn Sie noch danach suchen, was Sie in Ihrem Leben antreibt, sollten Sie sich bewusst machen, dass Ihr Alltag Sie nicht zwangsläufig definiert. Vielleicht entspricht Ihre Tätigkeit nicht Ihren Werten, was es schwieriger macht, Ihre treibende Kraft zu erkennen. Sie allein können die Elemente erkennen, die für sie höchste Priorität haben – und diese liefern Ihnen die meiste Energie. Sie bilden also den Ausgangspunkt für die Definition eines idealen Zustands, den es anzusteuern gilt, um glücklich zu werden.

Indem Sie feststellen, was Ihrem Leben einen Sinn gibt, erreichen Sie auch ein Gleichgewicht, das Ihnen ganz entspricht. Richten Sie Ihr Leben so aus, dass Ihrer Antriebskraft die ihr entsprechende Bedeutung beigemessen wird. Damit geben Sie außerdem allem, was Sie tun, eine Richtung, denn anders als die anderen Elemente, deren Bedeutung ständig schwankt, ändert sich Ihre treibende Kraft nicht.

Sich seiner Grenzen bewusst werden

Jeder Mensch hat einen bestimmten Charakter, eine bestimmte Persönlichkeit und ein bestimmtes Temperament. Diese werden durch das Umfeld, in dem er sich bewegt, geprägt. Druck bei der Arbeit führt bei manchen Menschen dazu, dass sie ihre körperlichen, psychischen und/oder moralischen Grenzen überschreiten.

Um ein Leben zu führen, das den eigenen Werten und Fähigkeiten entspricht, ist es essenziell, seine Grenzen zu erkennen. Damit sind natürlich positive Grenzen gemeint, mit denen man sich selbst schützt, nicht negative Grenzen, die einen davon abhalten, seine Ziele zu erreichen, wie beispielsweise die Angst vor dem Urteil der anderen, Schüchternheit, die Überzeugung, keine Hilfe von anderen zu benötigen etc.

So betrachtet sind Grenzen also nichts Schlechtes. Sie sich einzugestehen bedeutet zu akzeptieren, dass man nicht perfekt ist, und genau diesen Zustand als perfekt anzusehen. In einer Welt ohne Grenzen würde schnell das Chaos herrschen. Außerdem wüssten die Menschen in einem solchen Leben nicht, wie bereichernd es ist, sich gegenseitig zu ergänzen. Wie bei der Kindererziehung bieten Grenzen eine gewisse Struktur. Indem man seine eigenen Grenzen erkennt, versteht man ebenfalls sein Inneres. Gleichzeitig ermöglicht das Verständnis seiner persönlichen Funktionsweisen es, seine Stärken und Schwächen zu erkennen. So kann man einerseits seine Stärken optimieren und sich andererseits deutlich bewusst machen, was nicht zum eigenen Wirkungsbereich gehört.

Es kann dennoch vorkommen, dass man seine Grenzen verschieben und sich flexibel zeigen muss – ob man nun will oder nicht. Das bedeutet, Kompromisse oder Zugeständnisse zu machen. Sie sollten trotzdem versuchen, einen guten Mittelweg zu finden, um die Grenzen, die Sie für sich abgesteckt haben, nicht alle zu überschreiten.

Für ein Gleichgewicht zwischen Beruf und Privatleben zählen drei Dinge. Beantworten Sie die drei folgenden Fragen, ohne länger als ein paar Sekunden nachzudenken. Die Antworten sollten spontan sein – es zählt jeweils das erste, das Ihnen einfällt.

- Verbringen Sie zu viel Zeit bei der Arbeit?
- Haben Sie genügend Zeit für sich und Ihre Familie/Freunde etc.?
- Denken Sie während Ihrer Freizeit oft an Ihre Arbeit?

<u>**ACHTUNG!**</u>

Vielleicht finden Sie nicht, dass Sie zu viel Zeit bei der Arbeit verbringen, obwohl Sie jeden Tag 10 Stunden arbeiten. Manche Menschen stürzen sich freiwillig in die Arbeit, um sich vor möglicher Enttäuschung zu schützen oder um sich privat nicht emotional einbringen zu müssen. Wenn Sie in einer solchen Situation sind, sollten Sie sich bewusst machen, dass das Leben außerhalb der Arbeit das ist, was Ihnen in Ihrer Freizeit, in den Ferien, nach Ihrer Pensionierung oder wenn Ihr Unternehmen beschließt, die Zusammenarbeit mit Ihnen zu beenden, bleibt. Finden Sie nicht, dass Ihr Privatleben unter diesem Gesichtspunkt voll an Emotionen, Beziehungen und Herausforderungen sein sollte?

Wenn es Ihnen schwerfällt, Ihre Grenzen zu definieren, sollten Sie beobachten, wann Sie etwas widerwillig tun. Liegt das an Bequemlichkeit, fehlender Motivation, fehlendem Interesse etc.? Oder daran, dass Sie dazu eine Ihrer Grenzen überschreiten müssen? Häufig steckt hinter dem hartnäckigen Unwohlsein die Tatsache, dass Sie sich nicht an Ihre Grenzen gehalten haben.

SICH PRIVAT UND BERUFLICH SEINE BEDÜRFNISSE ZUGESTEHEN

Sich an seine Grenzen halten

Das ist zwar einfacher gesagt als getan, dennoch liegt hier sowohl im Berufs- als auch im Privatleben der Schlüssel zum Erfolg. Warum ist es oft so schwierig, sich an seine Grenzen zu halten? Zwei Akteure spielen hierbei eine Rolle: derjenige, der die Grenzen aufstellt, und derjenige/diejenigen, für den/die sie aufgestellt werden (man selbst oder andere).

Wenn Sie Schwierigkeiten haben, sich an Ihre Grenzen zu halten, liegt das vielleicht daran, dass Sie nicht selbstbewusst genug sind, sie auszusprechen. Womöglich haben Sie Angst davor, wie sie aufgenommen werden könnten. Das Ergebnis ist in jedem Fall, dass Sie sie nicht aussprechen oder, genauer gesagt, dass Sie Ihre Botschaft nicht deutlich genug vermitteln. Wenn es Ihnen schwerfällt Ihre Grenzen auszudrücken, sollten Sie sich über die möglichen Konsequenzen bewusst werden. Könnte es zu einem Konflikt, Unbehagen, einer Aufforderung, verletzten Gefühlen kommen? Oder behaupten Sie sich dadurch mehr, als Sie sich selbst zutrauen?

Denken Sie über Ihre Antwort nach und versuchen Sie so ehrlich wie möglich zu antworten, ohne zu verallgemeinern oder zu dramatisieren. Die einzige Konsequenz, der Sie sich absolut sicher sein können, ist, dass Sie der Hauptleidtragende sind, wenn Sie nicht für sich einstehen. Grenzen zu setzen hat nicht zum Zweck, die Welt auf den Kopf zu stellen, sondern dafür zu sorgen, dass in Ihrem eigenen Universum alles rund läuft.

Um erfolgreich seine Grenzen einzuhalten, sollte man ebenfalls auf seine Kommunikation achten. Es macht viel aus, wie Sie präsentieren, was für Sie in Ordnung ist. Scheuen Sie sich nicht, ehrlich zu sein. Seine Grenzen aufzuzeigen bedeutet auch, sich von dem zu befreien, was einen zurückhält. Nehmen Sie Ihr Recht wahr, respektiert zu werden, anstatt die Verantwortung jemand anderem zu übertragen. Seien Sie in der Lage, Nein zu sagen, ohne dabei aggressiv zu sein oder sich eine Rechtfertigung zu suchen.

Letztendlich spielen aber auch die getroffenen Entscheidungen und die Umstände eine große Rolle. Für das eigene Wohl und das der anderen ist es manchmal besser, einen energiesparenden Kompromiss zu schließen, als unendliche, unfruchtbare Diskussionen zu führen, nur um seinen Prinzipien treu zu bleiben. Überlegen Sie sich, ob es sich lohnt zu kämpfen, und lernen Sie zu erkennen, was Ihre Mühe wert ist. Lassen Sie jedoch nicht aus Angst vor Konflikten zu viele kleine Dinge durchgehen, denn so würden Sie ein neues Ungleichgewicht schaffen.

ACHTUNG!

Achten Sie darauf, dass Ihre Grenzüberschreitungen zu Gunsten eines Dritten nicht zur Norm werden. Wenn man Ihnen jeden Morgen einen Kaffee ans Bett brächte, würden Sie sich schnell daran gewöhnen und nach dem Kaffee fragen, wenn Sie eines Morgens keinen bekämen. Sie sollten sich also nicht wundern, dass, wenn Sie systematisch Überstunden machen, Ihr Vorgesetzter oder Ihre Kollegen sich wundern, wenn Sie einmal pünktlich Feierabend machen, und Ihnen ungerechtfertigter Weise das Gefühl geben, nicht genug Einsatz zu zeigen. Sie haben sie selbst an Ihre Überstunden gewöhnt.

Die Bedeutung der Arbeit relativieren

Die Arbeitswelt hat in den letzten Jahrzehnten so stark an Komplexität gewonnen, dass sie teilweise unpersönlich geworden ist. Bürotürme aus Stahl und Glas, die den Himmel reflektieren, haben wenig Seele. Zudem fällt es gegenüber der Autorität des Vorgesetzten schwer, zu gegebenen Zeitpunkt Nein zu sagen, um sich selbst treu zu bleiben.

Um ein gutes Gleichgewicht zwischen Privat- und Berufsleben zu finden, muss man relativieren können. Auch die Kollegen, der Vorgesetzte etc. gehen morgens zur Arbeit, obwohl sie zweifelsohne private Projekte haben, mit denen sie sich lieber beschäftigen würden. Der Wunsch nach mehr Lebensqualität und persönlicher Entfaltung ist dem eigenen Ehrgeiz und der

Motivation für seine Arbeit nicht abträglich und man sollte sich keinesfalls für ihn schämen. Nur weil man seine Arbeit mag, heißt das nicht, dass man zwangsläufig nichts anderes machen will oder sich seine Gedanken nur darum kreisen dürfen. Auch Leistungssportler benötigen einen gewissen Abstand, um sich mental auf ihre Bestleistung vorzubereiten. Man sollte zudem nicht vernachlässigen, dass man sich im Beruf auch mental verausgabt. Die Fähigkeit zu relativieren beeinflusst die Art und Weise, wie man mit den Höhen und Tiefen des Lebens umgeht.

Was tun Sie, wenn es Ihnen an Abstand fehlt oder wenn Sie das Gefühl haben, in eine Spirale geraten zu sein, aus der Sie sich nicht mehr befreien können? Viele Menschen wenden sich an ihre Familie und Freunde, um über das zu sprechen, was sie belastet. So können sie nicht nur die Meinung eines weniger involvierten Außenstehenden einholen, sondern sich auch beruhigen lassen. Gerade in wirtschaftlich schwierigen Zeiten kann die Arbeit selbst bei Menschen, die sehr selbstsicher scheinen, Sorgen hervorrufen. Auch eine Führungsperson an der Spitze der Hierarchie ist innerlich mit Zweifeln und Stress konfrontiert.

Zu wissen, dass man mit seinem Problem nicht alleine ist, hilft in der Regel es zu relativieren.

TEST: WIE NEHMEN SIE IHREN TAG, IHRE WOCHE, IHR JAHR WAHR?

Jeder teilt Zeit auf eine andere Weise ein. In einem Haushalt kann deswegen jedes Familienmitglied seine eigene Zeitwahrnehmung haben, je nach seinem Alter und seinen Aufgaben. Wie sieht das bei Ihnen aus?

Wenn es einem nicht gelingt zu relativieren, wird in der Regel das Kurzfristige sehr stark wahrgenommen. Womöglich haben Sie Ihr Jahr in Arbeitsabschnitte eingeteilt, die an einigen Stellen von Urlaub unterbrochen werden. Es ist, als würde zwischen Ihren Urlauben das Leben anhalten, sodass Sie kaum etwas vom Rest des Jahres haben. Man könnte das damit vergleichen, einen Film im Schnelldurchlauf anzusehen, um direkt zu den lustigen Stellen zu kommen, ohne sich mit der eigentlichen Handlung zu beschäftigen, die jedoch eine nicht zu vernachlässigende Folge von aufeinander aufbauenden Ereignissen ist.

Um die Gegenwart mehr zu genießen, sollten Sie versuchen, Ihre Zeit mental anders einzuteilen. Sie können beispielsweise einen Schnitt in Ihrer Woche machen und eine Pause einplanen, um sich erholen zu können. Wenn Sie die Woche als einen 5-Tage-Block ansehen, auf den zwei Tage Wochenende folgen, können Sie die Woche in zwei teilen und beispielsweise am Mittwoch eine Aktivität einplanen, die Ihnen viel Spaß macht. Diese Unterbrechung gibt Ihnen dann neue Energie und hilft Ihnen, mit den kleinen Sorgen bei der Arbeit fertig zu werden, damit sich diese nicht negativ auf Ihr Privatleben auswirken. Denn sobald das passiert, ist es wahrscheinlich, dass Sie häufiger bei der Arbeit fehlen werden.

Schuldgefühle ablegen

Ungleichgewicht bedeutet auch Unwohlsein, da ein Ungleichgewicht schnell ein Gefühl von Kontrollverlust nach sich zieht. Man fühlt sich der Situation bei der Arbeit und/oder privat nicht gewachsen, was wiederum zu Schuldgefühlen und dem Eindruck, zu versagen, führt. Schnell beginnt man sich dann mit anderen zu vergleichen und an sich selbst nur noch das zu sehen, was nicht gut ist oder was man nicht gut macht. In Zeiten sozialer Netzwerke und Serien, die dem Zuschauer die Illusion von spannenderen und bereichernden Leben als das eigene geben, sollte man sich bewusst machen, dass das Gezeigte nicht unbedingt der Realität entspricht. Manchmal fühlen sich die Personen, die sich mit den meisten Menschen umgeben, am einsamsten und Sie können davon ausgehen, dass selbst die, denen scheinbar alles gelingt, für ihre Work-Life-Balance kämpfen müssen.

Konzentrieren Sie sich auf das Wichtigste und hören Sie auf, sich mit anderen zu vergleichen. Tauschen Sie sich mit Ihrem Umfeld aus. So lernen Sie dazu und interagieren mit den Menschen, die Sie umgeben. Wenn Sie jedoch weiterhin Ihre Sehnsüchte, permanenten Vergleiche und Eifersucht pflegen, stärken Sie nur Ihre Illusionen bezüglich der Leben der anderen, ohne sie wirklich zu kennen. Dabei sind diese Leben für Sie von keinem großen Interesse, denn das einzige Leben, das Sie leben sollten, ist das Ihre – und das am besten in vollen Zügen.

Sie sind nicht perfekt? Umso besser, denn es gibt nichts Langweiligeres als Perfektion. Sie kennen jetzt Ihre Grenzen und können beginnen, diese zu kompensieren, sowie sich mit Ihren Mitmenschen (Kollegen, Familienmitgliedern, Freunden) zusammenzutun, um sich gegenseitig zu ergänzen, um eventuelle Lücken auszugleichen, wobei Sie gleichzeitig eigenständig bleiben. Gemeinsam wird das Leben einfacher.

Positiver Egoismus

Egoismus hat allgemein keinen guten Ruf. Er bezeichnet eine überhöhte bzw. übermäßige Selbstbezogenheit, die in manchen Fällen bis hin zu Verachtung und Negierung seiner Mitmenschen reicht. Den verschiedenen Definitionen von Egoismus entsprechend ist die Konnotation des Begriffs vor allem negativ.

Da Individualismus in der Gesellschaft einen immer wichtigeren Platz einnimmt, ist es wichtig, sich wieder auf Gemeinschaft und Solidarität zurückzubesinnen. Dabei kann positiver Egoismus eine Rolle spielen. Es handelt sich dabei um die Fähigkeit, sich nicht komplett dem Willen anderer unterzuordnen und nicht entgegen seiner Persönlichkeit und Ziele zu handeln, ohne dies jedoch auf Kosten seiner Mitmenschen zu tun oder diese zu vernachlässigen. So richtet man sein Leben wieder nach seinen Träumen und persönlichen Zielen aus. Der positive Egoismus lässt einen sein Leben mehr genießen und ausnutzen, sowie ein Gleichgewicht zwischen Beruf und Privatleben erstellen. Mit anderen Worten bedeutet positiver Egoismus sich selbst zu respektieren und sich Respekt zu verschaffen, in dem man seine Mitmenschen ebenfalls respektiert.

Dazu gehört ein gewisses Maß an Selbstbehauptung. Diese Methode der Gewaltfreien Kommunikation beinhaltet das Ausdrücken der eigenen Bedürfnisse, ohne die seines Gegenübers zu übergehen, Zuhören und ernsthafter Dialog.

TOP TIPPS

- Organisieren Sie sich realistisch: Trennen Sie sich von guten Vorsätzen, die Sie nicht halten können. Übermäßiger Ehrgeiz führt dazu, dass Sie den Eindruck haben zu versagen, weil Sie Ihre Ziele unmöglich erreichen können. Ersetzen Sie diese Vorsätze durch kleine alltägliche Dinge, die keinen besonderen Aufwand erfordern, aber den Alltag erleichtern.
- Vermeiden Sie Erschöpfung, indem Sie ein gesundes Leben führen und dessen Rhythmus an Ihre Bedürfnisse anpassen. Wählen Sie Aktivitäten, die Ihrem Energielevel entsprechen. Versuchen Sie im Rahmen des Möglichen, sie für Zeitpunkte einzuplanen, wo sie Sie am wenigsten körperlich belasten. So sind Sie morgens weniger müde, wodurch sie entspannt in den Tag starten können.
- Legen Sie Ihre Dinge am Abend zurecht. Anstatt morgens hin- und herzulaufen, sollten Sie sich überlegen, was Sie alles benötigen, um ohne Hektik das Haus verlassen zu können. Dies ist umso wichtiger, wenn Sie Kinder haben.

- Schalten Sie Ihr Handy abends für zwei Stunden aus, vor allem, wenn Sie Zeit mit Ihrer Familie oder Freunden verbringen. Schenken Sie ihnen Ihre volle Aufmerksamkeit.
- Bitten Sie Familienmitglieder oder andere Ihnen nahestehende Personen um Hilfe, wenn Sie etwas nicht alleine tun können. Es ist nichts dabei, um Hilfe zu bitten. Und wie schlimm kann es schon sein, dass die Dinge dann eventuell anders gemacht werden, als Sie es tun würden, solange sie am Schluss erledigt sind?
- Tun Sie sich mit Ihrem Umfeld zusammen, um nach Lösungen zu suchen. Wenn Sie Kinder haben, können Sie sich beispielsweise mit anderen Eltern absprechen, um die Kinder abwechselnd von der Schule abzuholen.
- Auf ähnliche Weise können Sie mit Ihrem Partner/Ihrer Partnerin ein unschlagbares Team bilden, indem Sie die Aufgaben im Haushalt so aufteilen, dass jeder das tut, was er am liebsten macht. Die Arbeit bleibt die gleiche, doch das Aufteilen wird Ihnen den Eindruck geben, mehr Zeit für sich zu haben.
- Arbeiten Sie effizienter, um mehr Zeit für Ihre Familie, sich selbst oder Ihr Zuhause zu haben. Beschäftigen Sie sich dazu mit Techniken zum

Zeit- und Prioritätenmanagement. Erstellen Sie sich einen Tagesplan: Unterteilen Sie ihn in mehrere Phasen und weisen Sie jeder Aufgabe eine Zeitspanne zu, in der sie erledigt werden soll. Eine solche Tageseinteilung hilft dabei, mit Ihren Pflichten Schritt zu halten.

- Nutzen Sie die Ihnen zur Verfügung stehenden Mittel, um sich Ihren Alltag zu erleichtern. Es gibt zu diesem Zweck zahlreiche Hilfsmittel und Apps. Sie können beispielsweise Ihre Einkäufe online erledigen und sich liefern lassen, oder Lastschriftmandate abschließen, um sich ein wenig Schreibtischarbeit zu sparen. Mit einem Smartphone können Sie Ihre E-Mails auch unterwegs lesen – achten Sie jedoch darauf, dass Sie Ihre Arbeit so nicht mit nachhause nehmen. Finden Sie rechtzeitig den richtigen Abstand.

- Kaufen Sie eine Tiefkühltruhe, gerade wenn Sie Kinder haben. Kochen Sie ein paar Portionen mehr und frieren Sie sie ein. So können Sie ein paar Abende einplanen, an denen Sie nicht kochen oder nach der Arbeit einkaufen müssen.

- Stellen Sie Ihren Wecker einen Monat lang jeden Tag um zwei Minuten früher. Stehen Sie beim Klingeln sofort auf. Nach einem Monat haben Sie so eine Stunde gewonnen, ohne einen großen Unterschied gemerkt zu haben. In dieser Zeit können Sie nun Dinge im Haus erledigen, die Sie so nicht mehr abends machen müssen, früher anfangen zu arbeiten, um abends früher Feierabend zu machen, Sport treiben oder sich einfach die Zeit nehmen, um zu frühstücken.

- Seien Sie vorausschauend, aber bleiben Sie in der Gegenwart „präsent", denn genau dort werden Sie Ihr Glück finden.

FAQ

IST ES MIR WIRKLICH VON NUTZEN, KLAR ZWISCHEN BERUF UND PRIVATLEBEN ZU TRENNEN?

Ja! Lassen Sie Ihre persönlichen Probleme zuhause und Ihre beruflichen Probleme im Büro. In beiden Fällen geben Sie sich so die Gelegenheit an etwas anderes zu denken. Sich mit etwas anderem zu beschäftigen, anstatt über seinen Sorgen zu brüten, ist eine Inspirationsquelle und dient als Ventil, um die Probleme nach einer kleinen Bedenkzeit neu anzugehen. Damit erleichtern Sie sich das Nachdenken und fördern kreative Lösungen. Eine klare Trennung zwischen Beruf und Privatleben hilft Ihnen also, sich bei der Arbeit zu konzentrieren und zuhause zu entspannen.

WIE GEHT MAN ALS SELBSTSTÄNDIGER/UNTERNEHMER VOR?

Selbstständige und Unternehmer sind einem anderen Druck ausgesetzt als Arbeitnehmer. Denn die Arbeitszeiten eines Selbstständigen sind nicht fix, sodass die Arbeit häufig auch Abende und Wochenenden in Anspruch nimmt. Die Grenze zwischen Berufs- und Privatleben ist daher nicht ganz so klar wie bei Angestellten.

Dennoch bleibt die beste Methode, Beruf und Privatleben auszugleichen, feste Zeiträume für die Arbeit und für die Freizeit zu bestimmen und keine Abweichungen zuzulassen. Wenn man sein Büro/seine Werkstatt zuhause hat, ist es daher sinnvoll, sie klar (wenigstens visuell durch eine Tür, einen Vorhang, einen Paravent etc.) vom eigentlichen Wohnraum abzugrenzen, damit die Arbeit nicht omnipräsent ist und einen ohne Unterlass daran erinnert, was noch zu erledigen ist. Es ist wichtig zu akzeptieren, dass die Arbeit nie ganz fertig ist, und abzuschalten, um sich zu erholen.

WELCHE FEHLER SOLLTE MAN VERMEIDEN, UM EINE WORK-LIFE-BALANCE ZU ERREICHEN?

- Seien Sie vorsichtig mit neuen Technologien. Immer mehr Menschen arbeiten außerhalb ihrer Arbeitszeiten, weil sie ihren Firmencomputer oder ihr Firmenhandy mit nachhause nehmen. Da sie dann jederzeit erreichbar sind, fühlen sie sich verpflichtet, auf externe Anfragen sofort zu reagieren. Um dies zu vermeiden, sollten Sie auch für die Benutzung neuer Technologien Zeiträume festlegen. Damit schützen Sie Ihre Freizeit umso mehr, da Sie gedanklich nicht permanent mit Ihrer Arbeit beschäftigt sind. Sie sollten das Wort „dringend" relativieren und auch einmal nicht erreichbar sein.
- Fernseher und Laptops können einen länger wachhalten, als dies vernünftig ist, sodass man weniger schläft. Der positive Effekt von genügend Schlaf sollte jedoch nicht unterschätzt werden.
- Wenn Sie planen, Teilzeit zu arbeiten, sollten Sie aufpassen, dass man Ihnen nicht die Arbeit von 5 Tagen in einem kürzeren Zeitraum

machen lässt. Stellen Sie dies im Vorfeld mit Ihrem Vorgesetzten sicher.

WIE STARTET MAN OHNE DRUCK IN DEN TAG?

Beschäftigen Sie sich gleich nach dem Aufstehen mit etwas, das Ihnen guttut: Meditation zum Zentrieren, eine körperliche Aktivität, um sich in Schwung zu bringen, eine Aufgabe im Haushalt, um sie nicht am Abend machen zu müssen, ein gutes Frühstück mit Ihrer Familie etc. So sind Sie schon mit Ihrem Tag zufrieden, bevor er überhaupt richtig begonnen hat.

Auch wenn Sie müde sind, sollten Sie es vermeiden, das Aufstehen auf die letzte Minute hinauszuzögern, da Sie sich dann schon morgens beeilen müssen. Am Abend haben Sie dann vermutlich das Gefühl, den ganzen Tag unter Druck gestanden zu haben.

Wenn Sie dennoch aus dem einen oder anderen Grund zu spät sind, sollten Sie versuchen, den Stress nicht auf Ihren Tag übergreifen zu lassen. Stecken Sie im Stau, während Sie Ihre Kinder zur Schule bringen? Dann haben Sie jetzt die

Gelegenheit, mehr Zeit mit ihnen zu verbringen. Versuchen Sie potenziell stressige Momente in etwas Wertvolles und Positives zu verwandeln.

WIE VERMEIDET MAN UNTERBRECHUNGEN, DIE ZEIT KOSTEN?

Sowohl im Büro als auch zuhause kann es oft zu Unterbrechungen kommen. Anrufe in unpassenden Momenten, kleine dringend zu erledigende Zwischenaufgaben, Personen, die etwas von Ihnen wollen, obwohl Sie sehr beschäftigt sind etc. All das kann Ihnen wertvolle Zeit kosten, die Sie auf wichtigere Dinge verwenden könnten.

Sie können diese Ursachen für Zeitfresser begrenzen, indem Sie Zeiträume vorsehen, in denen Sie nicht erreichbar sind, sondern sich auf eine wichtige Aufgabe konzentrieren, also ohne Telefonanrufe anzunehmen, Fragen von Kollegen zu beantworten, angeblich dringende Mails zu bearbeiten etc. Sorgen Sie dafür, dass Sie nicht gestört werden können, stellen Sie den Anrufbeantworter an, schließen Sie die Tür zu Ihrem Büro, setzen Sie Kopfhörer auf, desaktivieren Sie die automatischen Pop-up-Nachrichten Ihres E-Mail-Postfachs etc.

WIE BEENDET MAN SEINEN TAG MIT EINEM GEFÜHL DER ZUFRIEDENHEIT?

Man ist mit seinem Tag zufrieden, wenn man etwas erreicht hat. Planen Sie deshalb eine wichtige Aufgabe bei der Arbeit pro Tag ein, die bis Feierabend erledigt sein muss. Den Rest Ihrer Arbeitszeit organisieren Sie dann um diese Aufgabe herum.

Für Ihre Freizeit gilt im Prinzip das gleiche: Man kann nicht überall zeitgleich sein, weswegen man sich bewusst sein sollte, dass morgen auch noch ein Tag ist. Versuchen Sie also nicht, in einer Woche, in der Sie den Frühjahrsputz geplant haben, ebenfalls täglich ein neues Rezept auszuprobieren. Planen Sie Ihre Tage stattdessen realistisch und erledigen Sie nur die Aufgaben, die Sie vorgesehen haben, und nicht mehr. So haben Sie das Gefühl, das erledigt zu haben, was Sie mussten, und gleichzeitig ein wenig Zeit, um einer anregenden Tätigkeit nachzugehen (Sport, lesen, mit den Kindern spielen etc.).

JETZT SIND SIE GEFRAGT!

MEINE ZEITFRESSER

Notieren Sie in der folgenden Tabelle detailliert 5 Elemente, die bei der Arbeit oder zuhause viel Zeit oder Energie in Anspruch nehmen und Sie davon abhalten, eine Work-Life-Balance zu finden. Erläutern Sie danach, wie Sie momentan mit der Situation umgehen. Augenscheinlich ist dies nicht ideal. Überlegen Sie sich danach mögliche Lösungen, die auf den Ihnen zur Verfügung stehenden Mitteln und persönlichen Stärken aufbauen und Ihnen ermöglichen, neue Energie zu finden oder Zeit zu gewinnen.

Meine Zeit- und Energiefresser

Energieaufwendiges Element	Aktueller Umgang mit der Situation	Mögliche Lösung(en)
Bsp.: Ich habe den Eindruck, die Dinge bei der Arbeit nicht in meinem eigenen Rhythmus erledigen zu können, weil mir dazu die Zeit fehlt und ich unter zu großem Druck stehe. Da ich aber meine Aufgaben gerne gut mache, bin ich unzufrieden und demotiviert.	Bsp.: Ich neige dazu, länger zu arbeiten. Daher verbringe ich weniger Zeit mit anderen Aktivitäten, was mich ebenfalls frustriert.	Bsp.: Ich habe glücklicherweise einen sehr organisierten Kollegen, den ich vielleicht um Rat fragen kann, wie ich bei meinen zusätzlichen Aufgaben Zeit sparen kann, um mich mehr auf meine eigentliche Arbeit konzentrieren zu können.

MEINE ENERGIELIEFERANTEN

Nachdem Sie sich mit den Elementen beschäftig haben, die Ihnen das Leben erschweren, sollten Sie sich nun auf energiespendende Elemente konzentrieren, die Ihnen helfen auf Kurs zu bleiben. Ziel dabei ist, dass Sie ihnen einen angemessenen Platz in Ihrem Zeitplan zuweisen.

Zeit mit der Familie verbringen – zum Friseur gehen – ein warmes Bad nehmen – Sport machen – ins Kino gehen – das Wochenende wegfahren – Ihren Partner/Ihre Partnerin überraschen – shoppen gehen – tanzen gehen – ein Buch lesen – fernsehen – eine Ausstellung besuchen – ans Meer fahren – Fahrrad fahren – einen Ausflug machen – Musikunterricht nehmen – eine Zeitung lesen – ins Restaurant gehen – einen Kaffee trinken – ein Fußballspiel gucken – ins Schwimmbad gehen – mit den Freunden etwas trinken gehen – einen romantischen Abend organisieren – ein neues Kochrezept ausprobieren – eine Weinprobe machen etc.

Planen Sie, wenn möglich, sonntags Ihre Woche grob vor und grenzen Sie dabei Arbeit und Freizeit voneinander ab. Sehen Sie eine wichtige berufliche Aufgabe pro Tag vor und wenigstens zwei anregende Aktivitäten pro Woche. Den Rest können Sie von Tag zu Tag organisieren. Achten Sie darauf, dies ohne Ausnahme jede Woche zu machen.

Tipp

Markieren Sie die anregenden Aktivitäten mit einer Farbe, die Ihnen gefällt. Damit stechen sie aus Ihrer Wochenplanung heraus und werden Sie motivieren.

Ihre Meinung ist uns wichtig!
Hinterlassen Sie doch einen Kommentar auf der
Seite unserer Online-Buchhandlung
und teilen Sie Ihre Favoriten in den sozialen
Netzwerken!

DARÜBER HINAUS

LITERATURVERZEICHNIS

- Gilbert, Elizabeth: *Eat Pray Love. Eine Frau auf der Suche nach allem quer durch Italien, Indien und Indonesien.* Aus dem Englischen von Maria Mill. BvT: Berlin 2010.

- Lelord, François: *Hectors Reise oder die Suche nach dem Glück.* Aus dem Französischen von Ralf Pannowitsch. Piper: München 2004.

- McKenna, Paul: *Ein neues Leben in sieben Tagen. Erfahren Sie die Strategien erfolgreicher Menschen für ein erfülltes Leben.* Goldmann: München 2007.

WEITERFÜHRENDE LITERATUR

- Collatz, Annelen; Gudat, Katrin: *Work-Life-Balance.* Hogrefe: Göttingen 2011.

- Holzer, Christian: *Unternehmenskonzepte zur Work-Life-Balance. Ideen und Know-how für Führungskräfte, HR-Abteilungen und Berater.* Publicis: Erlangen 2013.

- isa/dpa: „Entspannt euch mal!" *KarriereSpiegel.* (06.03.2015). https://www.spiegel.de/karriere/work-life-balance-tipps-fuer-einen-entspannten-arbeits-tag-a-1021254.html (27.06.2019).

MEHR AUF 50MINUTEN.DE

- Bronckart, Véronique: *Gewaltfreie Kommunikation im Beruf. Methoden für die konstruktive Konfliktlösung und professionelle Zusammenarbeit.* Aus dem Französischen von Mareike Lobeck. Plurlingua Publishing: Brüssel 2019.

- Bronckart, Véronique: *Selbstbehauptung. Tipps für gelungene Kommunikation auf Augenhöhe.* Aus dem Französischen von Mareike Lobeck. Plurlingua Publishing: Brüssel 2019.

- de Radiguès, Géraldine: *Stressmanagement bei der Arbeit. Tipps zum Umgang mit Stress.* Aus dem Französischen von Mareike Lobeck. Plurlingua Publishing: Brüssel 2019.

- Mommens-Valenduc, Priscilla: *Burn-out. Ratschläge zum Erkennen und Vermeiden von Burn-out.* Aus dem Französischen von Mareike Lobeck. Plurlingua Publishing: Brüssel 2019.

NOCH NICHT GENUG?

- *Eat, Pray, Love*: Film von Ryan Murphy, mit Julia Roberts, James Franco und Javier Bardem. USA 2010.

Die präsentierten Inhalte werden vom Herausgeber überprüft, dennoch übernimmt dieser keine Haftung für die inhaltliche Richtigkeit, Vollständigkeit und Aktualität der vorgestellten Inhalte.

www.50Minuten.de

ISBN digitale Ausgabe: 9782808020145

ISBN gedruckte Ausgabe: 9782808020152

Pflichtexemplar: D/2019/12603/172

Cover: © Plurilingua

Digitale Aufbereitung: Primento, der digitale Partner der Herausgeber